AF555506

ÉTUDE

SUR LA

NOUVELLE ORGANISATION
DE L'ARMÉE

PAR

M. RENUCCI

Capitaine en retraite

PARIS

E. DENTU, LIBRAIRE-ÉDITEUR

PALAIS-ROYAL, 17 ET 19, GALERIE D'ORLÉANS

1874

ÉTUDE

SUR LA

NOUVELLE ORGANISATION MILITAIRE

Dans cette étude, nous affirmons les quatre propositions suivantes :

1° Le fonctionnement de la nouvelle organisation militaire dépasse les ressources financières de la France ;

2° La nouvelle organisation militaire ne fournit qu'une armée de combat fort inférieure à celle de l'Allemagne ;

3° La nouvelle organisation militaire ne permet pas de concentrer l'armée de combat à la frontière aussi rapidement que le fait l'Allemagne ;

4° La nouvelle organisation militaire est administrativement impraticable.

I

Le fonctionnement de la nouvelle organisation militaire dépasse les ressources financières de la France.

La France est aujourd'hui à bout de ressources pour équilibrer son budget des recettes et des dépenses. On n'a pas encore trouvé les impôts nécessaires à cet équilibre, et, quand on les aura trouvés et établis, on sera arrivé aux dernières limites des charges qu'on puisse imposer au pays. Or, le budget actuel de la guerre est insuffisant pour faire fonctionner la nouvelle organisation militaire. Déjà on a dû retarder l'appel sous les drapeaux d'une partie de l'effectif à instruire, pour des raisons financières.

A quel chiffre le budget annuel et normal de la guerre devra-t-il définitivement s'élever pour faire fonctionner la nouvelle organisation militaire, conformément à la loi ? Nul ne le sait. La commission de la réorganisation de l'armée, qui aurait dû calculer et fixer ce chiffre avec précision, ne l'a pas fait, et elle a mis la France dans la position d'un individu qui construit une maison sans en avoir calculé préalablement toutes les dépenses, et qui finit par manquer de moyens pour la couvrir.

Si la France se trouve déjà financièrement débordée par les dépenses du budget ordinaire de la guerre, comment pourra-t-elle supporter la dépense extraordinaire de 1,500,000 francs qui, d'après le rapport de la commission des marchés, est nécessaire pour rétablir le matériel de l'armée ?

Une augmentation importante du budget ordinaire de la guerre va résulter inévitablement du renchérissement des subsistances et de toutes les marchandises, provoqué par les nouveaux impôts. Les nouveaux impôts, on le sait, ont pour effet d'élever le prix de toutes choses. Les tarifs actuels des vivres, de la solde et des diverses fournitures militaires devront donc être élevés bientôt, en raison de l'élévation du prix des choses, sous peine de voir tout tomber en souffrance. En admettant que les nouveaux impôts aient pour effet d'élever d'un vingtième seulement le prix des choses, on devra élever, en moyenne, tous les tarifs d'un vingtième, et, comme le budget ordinaire de la guerre n'est, en somme, que le solde de toutes les fournitures et de toutes les prestations en deniers ou en nature faites à l'armée, conformément à ces tarifs, ce budget devra s'élever lui-même d'un vingtième ; ce qui, pour un budget de 500 millions, par exemple, donne une augmentation de 25 millions par an. Comment fera-t-on face à cette nouvelle dépense ?

Enfin, les prévisions financières relatives à la nouvelle organisation militaire doivent s'étendre, au cas de guerre, à l'acte suprême de la mobilisation générale de toutes les forces que la loi met à la disposition du ministre de la guerre. A ce moment, on devra mettre sur pied l'armée de combat, l'armée territoriale et les troupes de remplacement, en un mot, l'ensemble de l'effectif organisé. Or, l'ensemble de l'effectif organisé, y compris les services territoriaux, s'élève, d'après la note qui se trouve au bas du tableau n° 1, annexé au rapport du général Chareton, à 1,969,954 hommes. La solde et l'entretien d'un tel effectif exige une somme énorme, qu'il faudra avoir ou trouver immédiatement. Comment se la procurera-t-on? Les ressources ordinaires et les expédients ne pourraient que fournir un appoint insignifiant. Un emprunt, outre qu'il exige un certain temps pour être réellement effectué, ne pourrait être contracté qu'à des conditions désastreuses dans un tel moment. Si l'on demande à l'état-major général prussien : Où trouverez-vous la somme nécessaire à la mobilisation de toutes les forces de l'Allemagne en cas de guerre ? il répond : Il y a un trésor de l'armée mis en réserve pour le cas de guerre, et la mobilisation de toutes les forces militaires de l'Allemagne ne saurait souffrir un seul jour de retard faute d'argent.

II

La nouvelle organisation militaire ne fournit qu'une armée de combat fort inférieure à celle de l'Allemagne.

Ecartons la question financière et supposons que le pays fera face à toutes les dépenses. La nouvelle organisation militaire met-elle au moins la France en état de repousser à la frontière une invasion de l'Allemagne? Non. D'après le rapport du général Chareton, l'armée de combat de la France, celle qui doit être portée à la défense de la frontière, s'élève à 775,925 hommes, dont 38,234 hommes tirés de l'Algérie.

L'effectif de l'armée de combat de l'Allemagne, de l'armée destinée à être portée immédiatement à la frontière, n'est pas encore connu exactement parce qu'une nouvelle loi sur l'organisation militaire, en vue d'augmenter les forces de l'Empire, va être présentée prochainement au parlement allemand ; mais les indications suivantes permettent de se faire une idée approximative de cet effectif.

Nous lisons dans la *Revue militaire de l'Etranger*, du 24 décembre 1873 :

« Après la création des nouveaux bataillons de défense du pays, l'effectif de l'armée allemande sur le pied de guerre est en ce moment de 1,262,810 combattants, soit (après le remplacement des pertes de la guerre 1870-71 et des 114,000 invalides), 135,000 de plus qu'en 1870; en tenant compte des non-combattants, cet effectif atteindra le chiffre de 1,472,360 hommes.

» De ces 1,472,360 hommes, 711,370 combattants, et avec les non-combattants 848,130, plus 232,170 chevaux et 2,082 pièces pourraient entrer de suite en campagne; dans quelque temps il faudra ajouter au chiffre des troupes prêtes à entrer immédiatement en campagne les 148 quatrièmes bataillons de campagne, soit, au minimum, 118,696 combattants.

» Si l'on compare ces chiffres donnés par le journal officiel de Metz avec ceux également non officiels, qui ont été extraits de l'ouvrage du capitaine von Fircks, on voit que l'on arrive sensiblement au même résultat. »

Comme on voit, l'effectif général de l'armée allemande va s'élever en peu de temps à 1,472,360 hommes, et l'effectif de son armée de combat va s'élever à 848,130 + 118,696 = 966,826 hommes. En retranchant 775,925 (effectif de notre armée de combat) de 966,826 (effectif de l'armée de combat de l'Allemagne), on trouve que l'armée de combat de l'Allemagne est supérieure à la nôtre de 190,901 hommes. Donc, en cas de guerre avec l'Allemagne, dans un temps plus ou moins éloigné, et toutes choses supposées égales d'ailleurs, nos armées seront écrasées à la frontière par la force du nombre et la France sera envahie. Ajoutons que les armées allemandes auront pour bases d'opérations Strasbourg, Metz et Thionville, places qu'on rend inexpugnables et qu'on transforme en immenses magasins d'approvisionnements de toute espèce, tandis que nos armées n'auront aucune base d'opération solide, se trouveront en l'air, et, en cas de défaite, ne trouveront aucun refuge sûr derrière elles pour pouvoir se reformer. Le jour où les armées françaises seront battues à la frontière, la ruine et la perte de la France seront consommées; les troupes disséminées dans les places et les dépôts, sous le nom d'armée territoriale et de troupes de remplacement, ne sauraient plus rétablir l'équilibre et réparer le désastre.

— Comment, m'objecteront les personnes étrangères aux choses militaires, nous lisons au tableau n° 1, annexé au rapport du général Chareton, que les forces militaires de la France s'élèvent à 2,595,587 hommes, sur lesquels

1,969,954 organisés, dont 1,387,431 appartenant à l'armée active, et vous voulez que nos armées soient écrasées par la force du nombre à la frontière, quand même l'Allemagne porterait ses forces militaires à 1,472,360 hommes? Votre manière de voir ne saurait être juste ; vous êtes assurément un pessimiste et un alarmiste.

— Nous allons faire comprendre comment notre manière de voir est fondée. On se plaît en France à former des armées de chiffres. On n'a pas ce goût en Allemagne. Notre réserve de l'armée territoriale n'est ni plus ni moins qu'un chiffre, et nous ne devons nous arrêter qu'aux 1,969,954 hommes organisés. — Mais comment peut-il se faire que l'Allemagne, dont les forces organisées ne sont que de 1,472,360 hommes, puisse porter à la frontière une armée de combat de 966,826 hommes, tandis que la France, dont les forces organisées s'élèvent à 1,969,954 hommes, ne peut porter à la frontière qu'une armée de combat de 775,925 hommes? — En voici la raison :

La commission de la réorganisation de l'armée est tombée dans une erreur profonde d'art militaire, au sujet de la force relative qu'il convient de donner à chacune de ces parties de l'armée : Armée de combat, armée territoriale, troupes de remplacement. L'armée territoriale et les troupes de remplacement ne sont que des suppléments de l'armée de combat, ayant chacune une destination spéciale, et leur force doit être limitée à ce qu'exige cette destination spéciale. La destination spéciale de l'armée territoriale est d'occuper les places et les points de l'intérieur, et, subsidiairement, de se porter en arrière de l'armée de combat pour occuper les lignes d'étapes et certains postes sur le territoire ennemi. Son effectif doit donc rester en rapport avec le rôle qu'elle doit remplir. La destination spéciale des troupes de remplacement est de combler les vides de l'armée de combat. L'effectif de ces troupes doit donc rester en rapport avec les pertes présumables de l'armée de combat durant une guerre. Les forces qu'on met en trop dans l'armée territoriale et dans les troupes de remplacement doivent se trouver nécessairement en moins dans l'armée de combat, et, tandis que ces forces sont laissées sans destination utile dans les dépôts et les garnisons, l'armée de combat, trop faible, est écrasée à la frontière. La commission de la réorganisation de l'armée a porté les forces de l'armée territoriale et des troupes de remplacement à peu près au double de ce qu'exige leur destination, et a fait une armée de combat inférieure à celle de l'Allemagne. L'œuvre de la commission de la réorganisation de l'armée, en ce qui concerne la distribution et la mise en jeu des forces militaires du pays, peut être comparée à celle d'un général qui, disposant de forces supérieures à celles de l'ennemi, laisse des corps considérables au loin, sans destination utile, et fait écraser le gros de ses troupes par un ennemi qui opère avec ses forces concentrées.

Les Prussiens ne commettent pas une telle faute d'art militaire. Les organisateurs prussiens, d'après les chiffres de la citation que nous avons faite, sur un effectif organisé de 1,472,360 hommes, affectent 966,826 hommes à l'armée de combat, et 500,534 hommes seulement aux troupes de garnison, de remplacement et des services territoriaux.

Les organisateurs français, sur un effectif organisé (quand il le sera) de 1,969,954 hommes, affectent seulement 775,925 hommes à l'armée de combat et 1,194,029 hommes aux troupes de garnison, de remplacement et des services territoriaux.

III

La nouvelle organisation militaire ne permet pas de concentrer l'armée de combat à la frontière aussi rapidement que le fait l'Allemagne.

Les 775,925 hommes de notre armée de combat se divisent en deux parties : 38,234 hommes de troupes de l'Algérie et 737,691 hommes de troupes continentales.

Il est dit dans le rapport du général Chareton que, en cas de guerre, les troupes de l'Algérie doivent être préalablement relevées par des troupes de l'armée territoriale. Or, la mobilisation de 28,234 hommes de l'armée territoriale, l'embarquement et le transport de ces troupes sur les divers points de l'Algérie où elles doivent relever les troupes destinées à l'armée de combat, le mouvement de ces dernières troupes vers le littoral algérien, leur embarquement et leur transport à la frontière d'Allemagne sont un ensemble d'opérations qui ne peut être effectué que dans un temps relativement long. La concentration de l'armée allemande à notre frontière ne demande pas la moitié de ce temps. Donc, les troupes de combat de l'Agérie ne sauraient arriver à temps pour prendre part au choc décisif des armées françaises et allemandes à la frontière. Il faut ajouter que le transport des troupes par mer présente des difficultés et de graves dangers quand l'ennemi a une marine de guerre entreprenante.

Pourrons-nous, au moins, concentrer notre armée de combat continentale à la frontière aussi rapidement que les Allemands concentrent la leur?

La lecture du rapport du général Chareton permet d'en douter. La rapidité de la concentration dépend de la rapidité de la mobilisation. La mobilisation de l'armée allemande est rapide, parce que tous les réservistes rappelés sous les drapeaux en cas de guerre ont leur armement, leur équipement et leur habillement déposés au magasin de leur district territorial et n'ont qu'à les prendre. Il n'y a pas à les armer, les équiper et les habiller à nouveau.

La commission de la réorganisation de l'armée ne paraît pas s'être rendu un compte exact de la différence qu'il y a entre *délivrer l'armement, l'équipement et l'habillement des hommes déposés en magasin* et *armer, équiper et habiller à nouveau des hommes au magasin*. Dans le premier cas, l'opération est simple et rapide : il n'y aucun effet à essayer ni aucune écriture à faire; dans le deuxième cas, l'opération demande beaucoup de temps : il faut essayer à chaque homme tous ses effets d'habillement et faire une masse d'écritures. En conséquence, la mobilisation d'un régiment sera d'autant plus longue qu'il y aura plus de réservistes à armer, équiper et habiller à nouveau.

A ce sujet, le système de la commission n'a rien de précis; c'est quelque chose de vague, d'incertain, de mixte. Le sens général du rapport du général Chareton est qu'une partie des hommes de la disponibilité et de la réserve aura ses effets déposés en magasin, et qu'une autre partie devra être armée, équipée et habillée à nouveau. Pour nous trouver en mesure d'opérer une mobilisation aussi rapidement que l'Allemagne, il faut que, comme en Allemagne, tous les hommes destinés à compléter les effectifs de guerre soient constamment armés, équipés et habillés à l'avance, et qu'il n'y ait qu'à retirer leurs effets du magasin.

IV

La nouvelle organisation militaire est administrativement impraticable.

Dans l'ordre administratif, la commission de la réorganisation de l'armée a innové sur les trois points suivants :

1° Les régiments n'auront plus, comme actuellement, des magasins qui leur soient particuliers et les suivent dans leurs changements à l'intérieur; quand ils changeront de garnison, ils s'approvisionneront d'effets au magasin de la subdivision régionale de la nouvelle garnison; quand ils se déplaceront pour remplir telle ou telle mission, ils s'approvisionneront aux magasins le plus à proximité;

2° Tous les magasins de subdivision régionale, soit qu'ils correspondent à un régiment ou à un bataillon, devront approvisionner indistinctement tous les corps de la même arme;

3° Les hommes de la disponibilité et de la réserve rentrant dans leurs foyers, au lieu de rester invariablement attachés aux régiments d'où ils sortent, seront incorporés, dès leur arrivée, dans le régiment de leur subdivision régionale, et si ce régiment vient à changer de garnison, ils seront incorporés dans le régiment qui le remplace.

On a donc abandonné le système existant sans adopter le système prussien qui fixe, d'une manière invariable, un régiment avec ses magasins dans la même circonscription territoriale, formée de deux districts de bataillon de landwehr, et attache, d'une manière invariable, les réservistes de cette circonscription territoriale à ce même régiment.

Voyons ce qu'il va arriver quand deux corps d'armée changeront entre eux de région et quand deux régiments du même corps d'armée changeront entre eux de garnison. Ces changements rentrent dans les prévisions de la nouvelle organisation militaire (Rapport du général Chareton, section 1re, § 8.)

Supposons que le 1er et le 2me corps d'armée changent de région entre eux. Supposons que le 50e de ligne fasse partie du 1er corps d'armée et que le 100e de ligne fasse partie du 2me corps d'armée, et que ces deux régiments se remplacent dans leurs garnisons respectives. Par suite de ce changement, les hommes de la disponibilité et de la réserve de la subdivision de région que quitte le 50e de ligne, et qui étaient incorporés dans ce régiment, doivent être incorporés dans le 100e de ligne, et réciproquement, les hommes de la disponibilité et de la réserve de la subdivision de région que quitte le

100e de ligne, et qui étaient incorporés dans ce régiment, doivent être incorporés dans le 50e de ligne. Le nombre des hommes de la disponibilité et de la réserve incorporés dans chaque régiment s'élève approximativement, d'après le rapport du général Chareton, à la moitié de son effectif de guerre, c'est-à-dire à environ 1,500 hommes. Nous supposons que ces 1,500 hommes ont tous leur fourniment déposé au magasin de la subdivision de région. Il est indispensable qu'il en soit ainsi pour qu'il n'y ait pas de retard en cas de mobilisation.

Voici maintenant ce qu'il faut faire pour incorporer les 1,500 hommes dans leur nouveau régiment :

1° Il faut donner à chaque homme un nouveau numéro matricule ;

2° Il faut enlever de tous les effets d'habillement le numéro de l'ancien régiment posé au collet et le remplacer par celui du nouveau régiment ;

3° Il faut barrer sur tous les effets d'habillement l'ancien numéro matricule et la marque de l'ancien régiment qui sont sur la doublure, et y imprimer le nouveau numéro matricule et la marque du nouveau régiment ;

4° Il faut barrer sur toutes les armes et sur tous les effets d'équipement (giberne, ceinturon, porte-sabre, bretelle de fusil), la marque de l'ancien régiment et y imprimer la marque du nouveau ;

5° Dans chaque régiment, les armes et tous les effets d'équipement sont numérotés par séries spéciales. Les numéros de séries apposés sur les armes et sur tous les effets d'équipement des 1,500 hommes à incorporer appartiennent aux séries particulières à l'ancien régiment ; les numéros de séries apposés sur les armes et sur tous les effets d'équipement du nouveau régiment appartiennent aux séries particulières à ce régiment. Par l'effet de l'incorporation des 1,500 hommes de l'ancien régiment dans le nouveau, les séries des deux régiments se trouveront enchevêtrées, et il y aura une foule de doubles numéros dans chaque catégorie d'effets. Il faudra donc rechercher tous ces doubles numéros, barrer sur les effets ceux qui font double emploi et les remplacer par d'autres, de façon à reconstituer toutes les séries;

6° Il faut faire la masse d'écritures que comporte une telle opération.

La comparaison suivante — et qui est rigoureusement exacte — fera bien comprendre la nature de cette opération :

Supposez qu'on place le 40me de ligne et le 100me de ligne sur un rang, l'un derrière l'autre, avec armes et bagages; qu'on fasse serrer le second régiment sur le premier de manière à former une seule ligne sur deux rangs; qu'on partage cette ligne en deux parties égales; qu'on fasse faire par le flanc droit à la première partie et par le flanc gauche à la deuxième partie; qu'on dise à la première partie : vous formez à présent le 40me de ligne, et à la deuxième partie : vous formez à présent le 100me de ligne. Chacun des deux nouveaux régiments se composerait de deux moitiés de régiments différents, et il faudrait rétablir l'ordre administratif dans ces deux amalgames.

Voilà ce qui arriverait pour tous les régiments des deux corps d'armée changeant de région. Est-ce praticable ?

L'impraticabilité administrative de la nouvelle organisation militaire n'est pas moins réelle sur les deux points suivants :

1° En vertu de l'article 24 de la loi sur l'organisation de l'armée « les hommes de remplacement, à quelque région qu'ils appartiennent, peuvent être envoyés par détachement aux divers corps de l'armée selon les besoins de ces corps. »

Or, au moment de la mobilisation, les hommes de remplacement d'une subdivision régionale sont placés dans les compagnies de dépôt du régiment qui se trouve dans cette subdivision, et on ne peut faire autrement. Par là même, l'armement, l'équipement et l'habillement, dont ils sont pourvus portent nécessairement les marques et les numéros de séries de ce régiment, comme ceux des réservistes. Par conséquent, l'incorporation de ces hommes dans un autre régiment donne lieu au même désordre administratif que l'incorporation des réservistes dans un régiment qui change de garnison, désordre dont on a vu le tableau. Il y a cette différence qu'un régiment engagé dans les opérations actives de campagne, n'a ni le temps ni les moyens de débrouiller un tel désordre administratif.

2° En vertu de l'article 20 de la même loi, les jeunes gens qui, par leur numéro de tirage, sont destinés à servir plus d'une année, reçoivent à leur départ les effets nécessaires à leur mise en route.

Or, tous les effets d'habillement et de linge et chaussure dont on pourvoit un soldat, à quelque titre que ce soit, doivent être immédiatement marqués à son numéro matricule, afin de pouvoir constater leur identité, en cas d'échange, de vol, de perte ou de dissipation. D'un autre côté, les agents du magasin de la subdivision régionale ne peuvent marquer les effets des jeunes soldats à leurs numéros matricules, au départ, par la raison que les numéros matricules ne sont donnés aux jeunes soldats qu'à leur arrivée au corps. Mettra-t-on les hommes en route sans que leurs effets soient marqués ? Mais ce serait donner lieu à tous les désordres qui peuvent résulter des échanges, des vols, des pertes et des dissipations de ces effets pendant la route.

V

Conclusion.

La nouvelle organisation militaire n'est pas viable. Si l'on ne veut pas gaspiller en pure perte les ressources de la France, il faut s'arrêter court dans sa réalisation.

La réorganisation de l'armée est à recommencer sur de nouvelles bases.

RENUCCI,
Capitaine en retraite.

Paris. — Imprimerie Balitout, Questroy et Cie, 7, rue Baillif, et rue de Valois, 18.

DU MÊME AUTEUR

A LA MÊME LIBRAIRIE

Pétition relative à une Constitution politique adressée à l'Assemblée nationale.

Le Problème social.

Rapport sur une Révolution inconnue.

L'Autologie sociale.

Étude sur la Décadence intellectuelle et morale de l'Armée française.

Lettre à l'Assemblée nationale sur la meilleure Méthode à suivre Pour arriver, le plus promptement possible, à une bonne Organisation de l'Armée.

LIBRAIRIE DUMAINE

Essai sur les Principes d'une nouvelle Tactique basée sur la puissance actuelle des armes à feu.

Paris, imp. Balitout, Questroy et Cᵉ, 7, rue Baillif, et rue de Valois, 18.

www.ingramcontent.com/pod-product-compliance
Lightning Source LLC
LaVergne TN
LVHW010415240826
846091LV00020B/4053
9782019946067